Las Pulgas de la Pantera
The Fleas of the Panther

Bromas para Ninos

Jokes for Children

LAS PULGAS
DE LA PANTERA

THE FLEAS
OF THE PANTHER

compiled by Mariana Prieto
illustrated by Armando Baez

Prentice-Hall, Inc., Englewood Cliffs, New Jersey

Printed in the United States of America · J

Prentice-Hall International, Inc., London
Prentice-Hall of Australia, Pty. Ltd., North Sydney
Prentice-Hall of Canada, Ltd., Toronto
Prentice-Hall of India Private Ltd., New Delhi
Prentice-Hall of Japan, Inc., Tokyo

Library of Congress Cataloging in Publication Data

Prieto, Mariana Beeching de.
   The fleas of the panther = Las pulgas de la
pantera.

   SUMMARY: Bilingually presents a collection
of Spanish jokes and riddles.
   1. Wit and humor, Juvenile, [1. Joke books.
2. Riddles] I. Armando, Baez. II. Title.
III. Title: Las pulgas de la pantera.
PZ8.7.P7Fl   867'.008   [398.6]   75-11622
ISBN 0-13-322297-7

Book design by Cynthia Basil

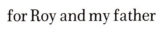

for Roy and my father

OTHER BOOKS BY MARIANA PRIETO

Raimondo, the Unwilling Warrior
When Monkeys Wore Sombreros
The Birdman of Papantla (with Grizella Hopper)
Johnny Lost: Juanito Perdido
Wise Rooster: El Gallo Sabio
Play It in Spanish

Table of Contents

Las Pulgas de la Pantera

The Fleas of the Panther

Chistes

Riddles

¿Cuál es la diferencia entre una pantera y una pulga?

What is the difference between a panther and a flea?

La pantera puede tener pulgas, pero una pulga no puede tener panteras.

A panther can have fleas, but a flea can't have panthers!

¿Por qué se parecen un huevo y un equipo de béisbol?

Why is an egg like a baseball team?

Porque se pueden batear.

Because it can be beaten.

¿Qué Es?
Arriba de la cabeza
y debajo del sombrero

What is it?
On top of your head
And under your hat.

(su cabello)

(your hair)

¿En qué se parece un hombre que solo tiene antepasados de quienes vanagloriarse a una papa?

Why is a man who has nothing to boast of but his ancestors like a potato?

Porque el mejor que tiene está debajo de
la tierra.

Because the best thing belonging to him
is under the ground.

¿Un cobarde se parece a una fuente, Por qué?

A coward is like a fountain, why?

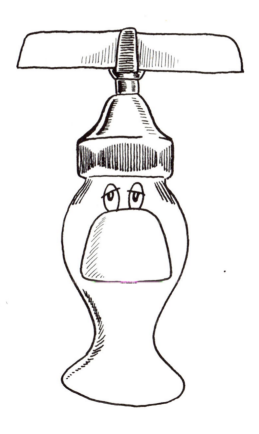

Porque corre.

Because he runs.

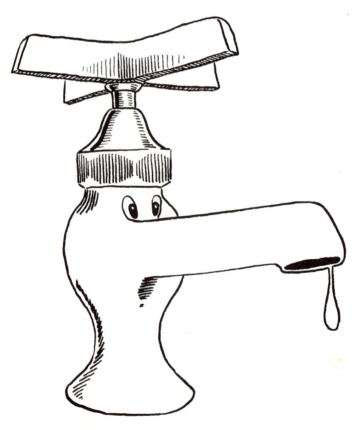

¿Cuál es el cliente mas dificil para un barbero?

Who is the most difficult customer for a barber?

Un calvo.

A baldheaded man.

¿Qué dijo el clavo al martillo?

What did the nail say to the hammer?

"¿Por qué no golpea a alguien de su tamano?"

Why don't you hit someone your own size?

¿Qué es lo que huele en una panadería?

What smells in a bakery?

La nariz del panadero.

The baker's nose.

¿Cuál es el colmo de un forzudo?

What is the greatest test of strength?

Doblar una esquina.

To turn a corner.

¿Qué es lo que se compra por yardas
y se usa por pies?

What is it that is bought by the yard
and worn by the foot?

Una alfombra.

A carpet.

¿Por qué es una mujer deforme cuando
esta remendando sus medias?

Why is a woman deformed when mending
her stockings?

Porque sus manos están donde debían
estar sus pies.

Because her hands are where her feet
ought to be.

¿Cuándo está un hombre sumergido
en su negocio?

When is a man immersed in his
business?

Cuando está dando una lección de
natación.

When he is giving a swimming lesson.

Bartolo el Bobo Dice

Bartholomew the Fool Says

¿Cuándo es que los leones tienen ocho patas?

When do lions have eight feet?

Cuando hay dos leones.

When there are two lions.

¿Qué tiene patas pero no camina?

What has legs but does not walk?

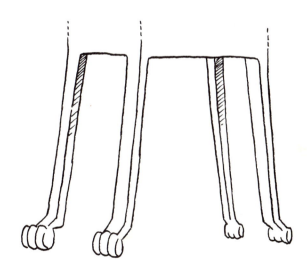

Una mesa

A table

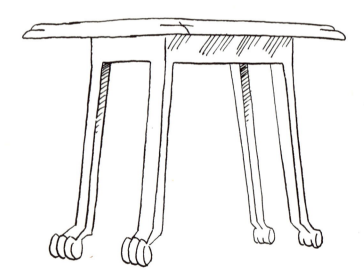

¿Qué le dijo un ojo al otro?

What did one eye say to the other eye?

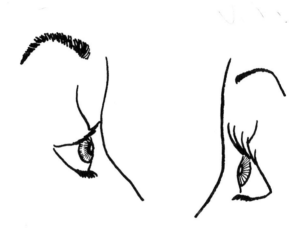

"No te asustes, llegaremos juntos."

"Don't get excited, we'll arrive together."

¿Qué hacerá mas bulla que un gato en una caja maullando?

What makes more noise than a cat in a box meowing?

Dos gatos en una caja maullando.

Two cats in a box meowing.

Un hombre estaba en el desierto,
Y vio un huevo.
¿De dónde vino el huevo?

A man was in the desert
And saw an egg.
Where did the egg come from?

(De una gallina)

(From a hen)

¿Por qué la gallina cruza el camino?

Why does the hen cross the road?

Porque quiere llegar al otro lado.

Because she wants to get to the
other side.

Rompe Cabezas

Head Breakers

Un señor llega y le pregunta a un niño
que llora en la calle,
"¿Niño, por qué lloras?"
"He perdido los dos centavos que mi papá
me ha dado."

A man asks a child who is crying in the
street,
"Boy, why are you crying?"
"I have lost two cents that my father gave
me."

El señor dice,—"No llores más, he aqui dos
centavos."
El señor se va.
El niño llora más que nunca.
El señor vuelve.
"¿Por qué lloras?"

The gentleman says, "Don't cry any more,
here are two cents."
The man goes on.
The boy cries more than ever.
The man returns.
"Why are you crying?"

¡El niño contest, "ahora tendría cuatro centavos si no hubiera perdido los dos que tenia!"

The boy replies, "Now I would have four cents if I hadn't lost the two cents that I had!"

Un fumador ofrece un cigarillo a su amigo
de la derecha.
"Gracias, pero no fumo."

A smoker offers a cigarette to his friend
on the right.
"Thanks I don't smoke."

Entonces se vuelve a su vecino de la izquierda.
"No fumo, gracias," él dice.

He turns to his neighbor on the left.
"No, I don't smoke, thank you," he says.

Su esposa le dice en voz baja,
"¿No le ofreces al maestro?"
"Ah, no, él fuma."

His wife says, "Aren't you going to offer a smoke to the professor?"
"Oh, no, he smokes."

Seis viejitas oyeron el trueno, vieron el
relámpago y se metieron debajo de un
paraguas.
¿No se mojaron. Por qué?

Six old ladies heard the thunder, they saw
the lightning.
They got under one umbrella and didn't
get wet. Why?

Porque no llovió.

It didn't rain.

¿Qué es lo que se pone en la mesa, se corta, y se sirve pero no se come?

What do you put on the table, cut and serve but do not eat?

la baraja

a deck of cards

El Pájaro Astuto

Si hay tres pájaros en un techo y se matan
dos,
¿Cuántos quedan?

The Clever Bird

If there are three birds on a roof and two
are killed.
How many remain?

Dos pájaros muertos.

Two dead birds!

¿Maestro—"Si por un camino largo,
largo, van diez burritos y se muere
uno, Cuántos quedan? ¿Nueve, Pepito?"

Teacher, "If ten little burros go down
a long, long road and one dies, how many
are left, Pepito? Nine?"

"No, maestro, quedó uno,—él que se murió.
¡Los demás siguíeron por el camino largo
largo!"

"No, teacher, there is only one left,
the one that died. The others went
down the long, long road."

¿Quién Soy?

Who Am I?

Yo estoy bajo de las nubes,
lavo los árboles y los campos,
doy de beber a las flores,
hago correr a los ninos y a las personas
adultas,
alegro a las ranas,
produzco ruido sobre los paraguas,
aumento el cantar de los arroyos,
dejo gotas en los vidrios de las ventanas,
pongo perlas brillantes en las flores.

¿Quién Soy?

I come down from the clouds,
I wash the trees and fields
I give drink to the flowers
I make the children and adults run
I make frogs happy
I make noise on the umbrellas
I make the streams sing
I leave drops on the window panes
I put brilliant pearls on the flowers.

Who Am I?

la lluvia

the rain

Verde por fuera
Rosado por dentro
Con muchos negritos
Saltando adentro

¿Quién Soy?

Green outside.
Pink on the inside.
With many little black ones
Jumping inside

Who am I?

un melón de agua

a watermelon

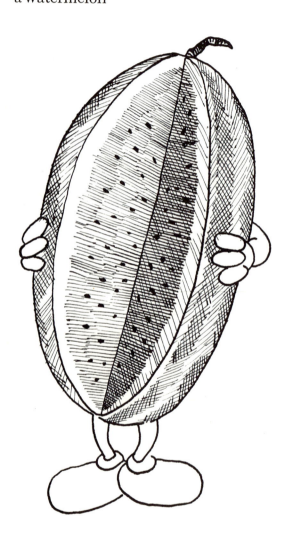

Tengo hojas y no soy un árbol,
tengo lomo y caballo no soy,
y aunque no tengo lengua ni boca,
mil consejos muy útiles doy.

¿Quién Soy?

I have leaves and I am not a tree.
I have a back and I am not a horse
Although I do not have a tongue or
mouth
A thousand very useful suggestions I give.

Who Am I?

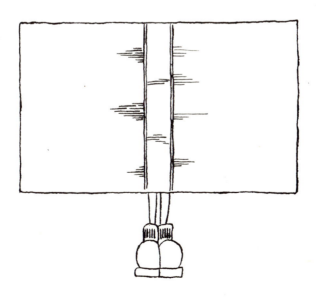

un libro

a book

Blanco como la leche
Negro como la noche
Habla y no tiene boca.
Camina y no tiene pies.

¿Quién soy?

White as milk
Black as night
It says something but has no mouth.
It travels but has no feet.

Who am I?

una carta

a letter

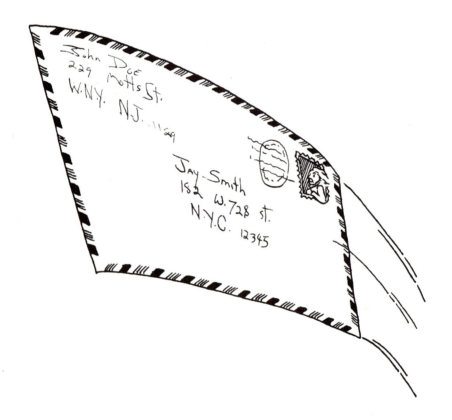

Bocaditos

Tidbits

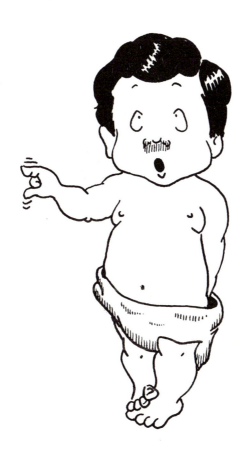

Cancíoncito

Los pollitos dicen,
"Pio, pio, pio"
Cuando tienen hambre,
Cuando tienen frío.

a little chant

The little chicks say,
"Pio, pio, pio"
When they are hungry
Or when they are cold.

Una 'Chispa'

Di siempre, "yo no se."
Porque si dices que sabes,
Te preguntarán hasta que no sepas,
Y si dices que no sabes,
Te enseñarán hasta que sepas.

a spark

Always say, "I don't know,"
Because if you say that you know,
They will question you until you
don't know.
And if you say that you don't
know,
They'll teach you until you *do* know.

Adelante, adelante, no para atrás
¡Como el cangrejo!

Ahead, ahead not backwards
Like the crab!

Al que no está hecho a bragas las
costuras le hacen llagas.

He who is not accustomed to pants
will be sore from the seams.

Amigo de buen tiempo se muda con
el viento.

A friend in prosperity changes with
the wind.

Amor con amor se paga.

One good turn deserves another.

Antes que te cases mira lo que haces.

Look before you leap.

Es mejor ser cabeza de ratón que cola
de leon.

Better to be the head of a mouse
than the tail of a lion.

Aunque la mona se vista de seda, mona
se queda.

A hog in armor is still but a hog.

Bienes mal adquiridos a nadie han
enriquecido.

Ill-gotten wealth enriches no one.

Bien vengas mal si vienes solo.

Misfortunes never come singly.

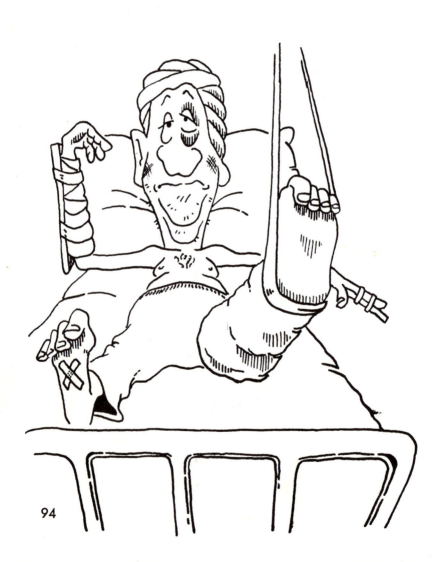

Bobo callado por sesudo es reputado.

A silent fool may pass for a wise man.

Cada buhonero alaba su aguja.

Everyman praises his own goods.